# SUR GRIN VOS CONNAISSANCES
# SE FONT PAYER

AF131279

- Nous publions vos devoirs
  et votre thèse de bachelor et master

- Votre propre eBook et livre –
  dans tous les magasins principaux du monde

- Gagnez sur chaque vente

## Téléchargez maintentant sur www.GRIN.com
## et publiez gratuitement

Ümit Sözer

# Les relations franco-turques depuis 1535 jusqu'à la 20ème siècle

GRIN Verlag

**Bibliografische Information der Deutschen Nationalbibliothek:**

Die Deutsche Bibliothek verzeichnet diese Publikation in der Deutschen National-
bibliografie; detaillierte bibliografische Daten sind im Internet über http://dnb.d-
nb.de/ abrufbar.

**Imprint:**

Copyright © 2011 GRIN Verlag GmbH
Druck und Bindung: Books on Demand GmbH, Norderstedt Germany
ISBN: 978-3-656-07093-1

**This book at GRIN:**

http://www.grin.com/fr/e-book/182993/les-relations-franco-turques-depuis-1535-
jusqu-a-la-20eme-siecle

**GRIN - Your knowledge has value**

Der GRIN Verlag publiziert seit 1998 wissenschaftliche Arbeiten von Studenten, Hochschullehrern und anderen Akademikern als eBook und gedrucktes Buch. Die Verlagswebsite www.grin.com ist die ideale Plattform zur Veröffentlichung von Hausarbeiten, Abschlussarbeiten, wissenschaftlichen Aufsätzen, Dissertationen und Fachbüchern.

**Visit us on the internet:**

http://www.grin.com/

http://www.facebook.com/grincom

http://www.twitter.com/grin_com

# Les relations entre la France et la Turquie

**Les premiers ambassadeurs français à Konstantinopel**

En 1535 un ambassadeur continuel de la France était envoyé à Konstantinopel. Des diplomates du tempérament différent suivaient le premier ambassadeur, Jean de la Forét. Après la mort de Jean de la Forét, Antoine de Rincon a pris sa mission. Le dernier ambassadeur sous le règne de François I était Antoine Escalin d'Aimars, en 1541 jusqu'à 1547. Malgré les bonnes relations entre la France et l'empire ottoman, François I et le sultan Soliman I ont convenu aucune alliance formelle au sens militaire, ils n'ont signé aucun pacte d'assistance.

Une alliance formelle entre les "incrédules" et le "supérieur protecteur de la chrétienté" (Karl V) n'était pas possible pour François. Pour cela ils ont négocié un traité incluant "concernant les questions diverses de la manière pratique" déjà depuis 1528. L'élaboration du texte a devenu par les campagnes de Persan de sultan Soliman en retard. En 1536 un contrat mûr pour la signature existait alors. Ensuite le roi et le sultan ont fait la paix et amitié pour le reste de ses vies.

Le sultan assurait aux ressortissants du roi une propre juridiction dans des sujets civils et sujets pénaux et l'exercice libre de sa religion sur le territoire d'ottomanes. Tous les Français qui ont été dans l'esclavage d'ottomanes se sont libéres immédiatement. C'était le premier traité d'amitié entre les ottomanes et les français.

La signature d'un document de 1536 n'est pas couverte historiquement. Il est établi que se trouve seulement qu'une conception existait de la même façon après le retour le sultan Soliman de la campagne de Persan. Le contrat est complètement public depuis le 19ème siècle.

Cependant, le projet d'accord ottoman-français de 1536 a eu une importance historique concernant la relation des deux empires: Il était en vigueur comme le point de départ et modèle pour les célèbres "capitulations" (Ahdnâme). Avec cela on a qualifié un catalogue des privilèges lesquels ont rangé par contrat ottoman aux ressortissants des pouvoirs européens sur son territoire.

"Des capitulations" étaient répétées avec la France, plus tard aussi avec l'Angleterre et beaucoup d'autres pays de manière convenue. L'indication ne doit pas tromper, car elle n'a rien du tout à faire avec une capitulation au sens usuel. "La capitulation" est au contraire en cette relation une notion neutre parce qu'il qualifie seulement la répartition rédactionnelle d'un document dans "le chapitre".

**Années probatoires de l'alliance entre le lys et l'empire d'ottomane :**

Les relations ont été chargées encore plus sérieusement après la mort de roi François I de la France, entre les deux empires. L'ambassadeur français Michel de Codignac (1553-1556) était très important.

L'ambassadeur Jean Cavenac de la Vigne a conseillé le 20 octobre 1559 à son roi un éloignement définitif sur la porte, on devait rompre avec ces "chiens de barbare", pour que l'on gagne la chrétienté, l'empereur et les Allemands de nouveau pour lui-même. Cependant à la cassure, il n'en venait ni en 1559 ni après cela. Le roi Henri II savait quelle importance l'alliance de la France et l'empire ottoman avait pour la politique mondiale.

L'ennemi héréditaire (Habsbourg) était la même comme l'intérêt du royaume de la France et l'empire ottoman était commun.

Les ambassadeurs français sans cesse ont lutté contre des bruits à la cour du sultan, qui signifiaient que les Français ont élaboré secrètement des plans belliqueux contre les ottomanes. Mais le roi français s'est appliqué vraiment à approfondir l'alliance avec les ottomanes. Ainsi il a envoyé Christophe Richer de Thorigny dans l'empire ottoman pour faire des études sur la civilisation ottoman. Dans ses enregistrements, Richer s'est prononcé très positivement de la culture et société des ottomanes.

Les relations entre les deux empires se sont chargées encore plus sérieusement après la mort de roi François I de la France en 1547. L'ambassadeur français Michel de Codignac (1553-1556) était très important à ce temps pour la relation franco-turque.

Dans un débat avec le grand vizir sévère Rüstem Paşa en 1556, concernant des difficultés de la manière protocolaire, il a accroché le grand vizir ottoman dans un extrêmement non diplomatique, avec l'indication que la France a pressé l'empereur Karl V à la guerre sur deux fronts et a rendu que les conquêtes ottomanes étaient seulement à cause de ces actions possibles. Une offense plus grande au sultan et en face de l'empire n'était pas imaginable.

**Actions militaires communes**

Bien qu'entre la France et l'empire ottoman ne réussisse formellement aucune alliance militaire, plusieurs opérations militaires ont été menées, pourtant, en commun contre l'ennemi héréditaire. Commencé avec l'attaque de la flotte ottomane sur Gênes et Milanese (1534-35), sous le commandement de Hayreddin Barbarossa Paşa, le sud de la France a été protégé par les canons d'ottomanes si bien que roi François puisse se concentrer sur les opérations de pays. Quand Tunis est pris par Karl V en 1535, la flotte ottomane s'est retirée à Alger.

A la guerre italienne en 1536-38, une flotte franco-ottoman a entrepris plusieurs opérations, aussi comme l'attaque sur l'île Ibiza (1536) et la dévastation de la côte espagnole entre Tortosa et Collioure. La flotte hiverne à Marseille. En 1537 la flotte ottomane sous la direction de Hayreddin Barbarossa Paşa attaque l'Italie du Sud et Naples pendant que 300.000 troupes ottomanes se sont préparées en Albanie pour une invasion en Italie. Roi François attaque, entre-temps, l'Italie du Nord avec 50.000 troupes. Mais l'invasion de l'Italie est abandonnée par le chiffre des grandes pertes à l'attaque sur Castro à Apulia.

**L'alliance après l'ère Süleyman**

Aussi les sultans suivants après Süleyman I restaient fidèles à l'avenir de l'alliance : Le sultan Selim II Han et le roi Karl IX ont conclu en 1569 le premier contrat historiquement. En 1601 le sultan Mehmed III et le roi Henri IV se sont mis d'accord sur un traité de paix et une capitulation. Pendant que la France a été influencée par le "mode de Turc", aussi nommé Turquerie, on s'est orienté dans Konstantinopel au style français. Donc, avec Ludwig XIV "le roi de soleil" il y avait certains incidents qui ont chargé difficilement l'alliance : Quand l'envoyé de l'empire ottoman Müteferrika Süleyman Ağa est arrivé à Versailles et a reçu une audience chez le roi français, il a refusé la révérence le roi avec les mots "Je m'incline seulement devant mon grand monsieur." Donc, l'ambassadeur a été exilé par Ludwig XIV à Paris.

Quand en 1684 en Europe la sainte ligue s'est formée contre les ottomans, la France a refusé sa participation. Ludwig XIV a encouragé le sultan Mehmed IV avec des lettres pour le supporter dans la lutte contre Habsbourg

Sous la direction de sultan Mahmud I. Han a servi le Français Claude Alexandre Comte Bonneval, qui a entrepris les premières modernisations de l'armée des ottomanes. En 1783 le roi Ludwig XVI a envoyé une mission militaire française dans l'empire ottoman pour réformer la nature de marine ottoman. Jusqu'à 1789, plus de 300 officiers d'artillerie français et ingénieurs servaient dans l'empire ottoman.

## La France révolutionnaire et Napoléon I.

Impressionné par la révolution française, le sultan Selim III a demandé l'aide de la France pour l'installation d'une nouvelle armée (Nizam-i Cedid). En 1795 les officiers français ont été mis de nouveau dans les services d'ottomanes et un traité d'alliance avec Raymond Verniac a été signé. La vieille amitié entre les ottomanes et Français a fini de facto par l'entrée des troupes françaises en Egypte en 1798.

Rétablir sous le prétexte, l'autorité du sultan en Egypte et rompre enfin ainsi le pouvoir de mamelouks, 14.000 soldats ont atterrissé à Abukir. Certes, l'armée de Napoléon a pu être arrêtée à la forteresse Akkon, mais la carte était perdue depuis longtemps avec cela pour la France. Napoléon s'est qualifié dans son projet même, comme ami du sultan.

Mais le sultan Selim III a expliqué la guerre contre la France et s'alliait avec l'Angleterre et la Russie.

Après l'expédition échouée, Napoléon a revenu en France où il s'est emparé du pouvoir. Le sultan Mustafa IV a envoyé l'ambassadeur Halet Efendi à Paris pour sa cérémonie de couronnement.

Dans la guerre russe-ottomane en 1806-12 la France était au côté de l'empire ottoman
La guerre entre l'Anglettere et l'empire ottoman qui était au même temps en 1807-1809, a été gagné par les ottomanes a mené vers la neutralité l'empire ottoman aux guerres napoléoniennes. Le traité des Dardanelles en 1809, certes, a fini la guerre que l'empire ottoman s'est engagé, donc à ne laisser aucun bateau étranger par Bosphore. Seulement au congrès viennois en 1815 l'empire ottoman a atteigné en arrière son état quo.

**19ème et 20ème siècle**

La dernière alliance commune était avec Napoléon III à la guerre de Crimée (1853-56) pendant que l'empire ottoman s'est allié avec la Grande-Bretagne et la France contre la Russie. Le dernier ambassadeur français Maurice Bompard a quitté Konstantinopel en 1914, à l'éclatement de la 1ère guerre mondiale.

**La Campagne de Cilicie**

La campagne de Cilicie était une série des conflits entre la France et le mouvement d'indépendance turc après la première guerre mondiale. Le conflit durait depuis mai 1920 jusqu'à octobre 1921 et avait influence la région du sud de la Turquie actuelle et le nord de la Syrie.

Les Français ont démontré déjà avec l'accord de Sykes-Picot et l'accord français-arménien de 1916 intérêts pour la région. Mais après 1921, la France s'est démarqué de Triple l'entente et s'est approché du nouveau gouvernement turc national à Ankara et a signé avec elle le traité d'Ankara.

L'intérêt des Français pour la région de Çukurova s'est montré déjà en 1798 avec l'expédition égyptienne de Napoléon.

Elle a augmenté de nouveau, quand les Français ont participé en 1909 à Mercimek Çiftliği du sultan Abdülhamid II. Cette ferme immense avait une surface de 1100 km $^2$ .

L'armée française entrait selon l'accord de Sykes Picot secret après l'armistice de Mudros dans la région. Selon cet accord les Français ont dû recevoir à côté de la Syrie aussi le sud Anatolie avec ses lieux importants stratégiques et importants sur le plan économique comme les niveaux féconds de Çukurova, les ports maritimes de Mersin et Iskenderun et les mines de cuivre d'Ergani.

À l'autre côté, les réserves d'huile dans la province ottoman Mosul juste aux Britanniques. A cause de l'accord, les Britanniques ont dû occuper les villes d'Antep, Maras et Urfa et laisser plus tard aux Français.

Le 27 octobre 1916 les Français ont signé un accord avec les nationalistes arméniens. Le ministre des Affaires étrangères Aristide Briand a perçu cette occasion et a recruté des soldats des Arméniens. Ces légions français-arménien ont dû se trouver sous le commandement d'Edmund Allenby et ont lutté plus tard en Palestine et Syrie. Après l'armistice de Mudros, ils ont lutté aussi dans Cilicie. A l'aide de ces légions, le sud Anatolie a dû être séparé de l'empire ottoman.

Les Français ont atterri avec 15.000 volontaires surtout de la légion français-arménien et de 150 officiers français le 17 novembre 1918 à Mersin. Les premiers buts étaient la distribution des ports et le severage de l'administration ottoman. Le deuxième atterrissage a été en 19 novembre 1918 à Tarsus et a dû assurer la région et faire des préparatifs pour aménager le quartier général français dans Adana. Après la campagne de Cilicie à la fin de 1918, les troupes françaises ont occupé en 1919 les Vilayets d'Antep, Maraş et Urfa dans le sud Anatolie.

Ces lieux leur ont été remis comme de manière convenue par les Britanniques. Comme le point le plus oriental de la zone d'occupation, Mardin a été occupé le 21 novembre 1919. Cependant l'équipage a été détaché de nouveau un jour après.

Comme les gouverneurs français de Cilicie a agi du 1 janvier 1919 au 4 septembre 1920 Édouard Brémond et depuis septembre 1920 jusqu'à 23 décembre 1921 Julien Dufieux. Les Français ont voulu posséder les régions en Syrie et monts taurus avoisinant, mais Taurus était très importante pour les Turcs sous la direction de Mustafa Kemal. Les Français aidaient les milices arméniennes avec des informations sur la région, pendant que les tribus arabes de la région collaborent avec Ankara. Contrairement aux armées grecques dans l'ouest Anatolie, les Français représentaient un danger plus petit pour les Turcs. Mustafa Kemal a supposé que les Français abandonnent vite, si les Grecs ont été vaincu.

La résistance locale surprenait beaucoup les Français. Ils rendaient les Britanniques pour cela responsables et les accusaient de ne pas avoir combattu assez la résistance. Ouvrir la stratégie des Français un front du Sud échouait après la défaite des Grecs et du Britannique à l'ouest.

Le 1 novembre 1919, deux jours après l'équipage, s'est produit l'incident de Sütçü-İmam. Sütçü-Imam est venu en aide à trois femmes qui devenaient agaser des soldats armémiens.

Sütçü Imam a tué un des soldats et a dû entrer dans la clandestinité. L'incident déclenchait une série des événements qui introduisait la majorité turque de la ville contre les troupes d'équipage.

Deux mois après l'incident, il y avait une révolte dans toute la ville. Après 22 jours, les Français se sont vu de manière forcée enlever Maraş le 11 février 1920. Peu après les résistants de Maraş ont soutenu les villes occupées environnantes.

Le traité de paix de Cilicie a été signé le 9 mars 1921 entre les deux côtés. Le traité a été remplacé le 20 octobre de la même année par le traité d'Ankara. Un peu plus tard la guerre d'indépendance turque a fini par l'armistice de Müdanya.

**Retraite**

Les Français ont commencé par leur retraite au début de 1922. Le 3 janvier ils ont enlevé Mersin et Dörtyol, le 5 janvier Adana, Ceyhan et Tarsus. L'évacuation a été conclue le 7 janvier, quand les dernières troupes quittaient Osmaniye. Au début de la guerre les Français en coopération avec les Grecs avaient traversé la rivière Meriç pour occuper la ville de Uzunköprü en Thrace, ainsi que les lignes de chemin de fer jusqu'à la gare de Hadımköy dans les environs d'Istanbul. En septembre 1922, à la fin de la guerre gréco-turque, pendant la retraite des Grecs devant l'avance des révolutionnaires turques, les forces françaises se sont retirées de leurs positions près des Dardanelles alors que les Britanniques ont été prêts à maintenir leurs positions. Le gouvernement britannique a envoyé une demande de soutien militaire à ses colonies. La réponse a été négative et les Français indiquèrent aux Britanniques l'intention des alliés de ne pas intervenir en faveur de la Grèce. À la fin, les troupes grecques et françaises se sont retirées donc au-delà de la rivière Meriç.

**Effets**

La relation de la France avec le gouvernôme à Ankara s'améliorait. Cependant le traité d'Ankara en 1921 n'a solutionné pas le problème autour de sandjak d'Alexandrette. En outre, le fait contribuant à la tension entre les deux pays est que le sandjak d'Alexandrette, qui selon Misak-ı Milli aurait dû être inclus à l'intérieur des frontières nationales turques, restait sous le contrôle français. L'attitude positive développée avec le traité d'Ankara ne reposait principalement que sur une base amicale, même si limitée.

Les régions peuplées restantes en majorité arabe en Syrie ont été laissées à la France. La Syrie devenait le mandat français. Un problème entre la France et la Turquie était l'endettement de l'empire d'ottomanes à la France. Ce problème a été résolu avec la conférence dans Lausanne.

**Les Turques en France :**

**L'intégration des ottomanes**

Les premiers Turcs en France sont venus pendant le seizième et dix-septième siècle, comme esclaves de galères et commerçants d'empire ottoman. L'historien Ina Baghdiantz McCabe a décrit Marseille comme la "ville turque" pendant ce temps.

**Migration moderne**

La France a signé un accord bilatéral avec le recrutement des mains-d'œuvre de la Turquie le 8 mai 1965, parce que le chiffre des participants des autres pays comme l'Italie, l'Espagne et le Portugal n'était pas suffisant. Dans la pratique, donc, la France a commencé à recruter les ouvriers turcs aux années 1970. Jusqu'à 1975, il y avait 55.710 ouvriers turcs en France, et en 1990, c'était quadruplé presque 198.000. La majorité des immigrés turcs venaient des régions villageoises de la Turquie, avant tout, de l'Anatolie centrale.

Par les années 2000, les titulaires d'un diplôme universitaire ont évalué que la population turque totale devenait entre 450,000-500,000. Ainsi les évaluations plus nouvelles du chiffre des Turcs mettent entre de 500.000 à 600.000.

**Le lycée francais de Galatasaray**

Lycée français de Galatasaray est un des lycées les plus influents de la Turquie moderne. Le lycée francais de Galatasaray est le plus vieux lycée turc à Istanbul. Le lycée a été fondée par le Sultan Bayezid II en 1481. Étant un Lycée anatolien, l'accès à l'école est ouvert aux étudiants avec un haut score D'entrée de Lycée National.

Le nom Galatasaray signifie le Palais Galata, parce que l'école est localisée près de Galata, la citadelle Génoise médiévale, aussi connue comme Pera. Depuis le 19ème siècle, le nom "Pera" fait allusion à la plus grande municipalité de Beyoğlu qui inclut le district Galata.

L'éducation est essentiellement en français et turc. Mais on utilise aussi l'anglais et l'italien comme de deuxièmes langues. Il y a aussi une exposition légère au turc d'Ottomane, le persan et l'arabe par les classes de Religion et de Littérature, aussi bien que latin et le grec par les classes françaises.

**Motto:**
"J'aime la qualité, j'aime la superiorité, alors j'aime mon Lycée."


**L'université de Galatasaray**

La Fondation, qui avait aidé pendant dix ans le lycée et l'association des anciens de Galatasaray, a envisagé un projet d'Université. Ce projet, initié en 1989, a été soumis aux autorités turques et françaises, qui y ont donné leur appui, et, ces travaux ainsi achevés, le protocole de l'Université a été signé le 6 décembre 1991 par les délégations française et turque.

L'Université de Galatasaray est née officiellement lors de la cérémonie de signature au Lycée de Galatasaray, le 14 avril 1992, avec la participation solennelle des Présidents de l'époque des deux pays, François Mitterand pour la France et Turgut Özal pour la Turquie.

L'université de Galatasaray est l'unique université francophone en Turquie. L'établissement a 5 facultés (des sciences économiques et sciences d'administration, loi, communications, sciences naturelles et littérature, technique et technologie), 2 instituts (des sciences sociales, sciences naturelles exercées), 200 professeurs et 2500 étudiants.

**Les influences réciproques :**

**Café :**

Au 18e siècle il y avait une influence turque concernant des boites de cafè en France. Le récipient turc traditionnel pour la préparation du café était très populaire à ce temps. Le nom du récipient est ibriq, aussi nommé cezve. Il s'agit d'un pot de cuivre muni d'un long manche.

**Croissant :**

Il y a beaucoup d'histoires sur l'invention du croissant, mais un de ces histoires concerne la relation entre la Turquie et la France. Une légende signifie que le croissant été créé par les Turques après le siège de Vienne en 1686. Les Turcs voulaient creuser paraît-il un tunnel sous le mur de ville, mais les boulangers viennoises qui étaient déjà éveilles et ont donné l'alerte. A la fête de victoire, une pâtisserie qui avait la forme de la demi-lune a été inventé.